Kids' Interior in Paris

Introduction

ぷくぷくのほっぺたに、すきとおるような瞳
ちいさな手が、指先をぎゅっとにぎって……
赤ちゃんは、そのすべてが愛おしさのかたまり。
そして、土から顔を出した樹木の若芽のように
どんな形の葉っぱを、広げていくのか
どんな色の花たちを、咲かせるのか
たくさんのすばらしい可能性を秘めています。

そんな未来へのちいさな宝物に会うために
お母さんとお父さんになったばかりの
パリのアーティストたちのアパルトマンへ。
生まれてきたばかりの子どもへの思いをこめて
ハンドメイドをしたり、お気に入りを集めたり。
愛情たっぷりのデコレーションを用意して
かわいいお部屋づくりをしていました。
赤ちゃんと過ごす、フレッシュな毎日が
インスピレーションというアーティストたちもいて
新しいクリエーションが、ますます楽しみです。

子どもたちも、ママとパパも、1本の夢の樹。
ここから素敵なストーリーが、はじまります。

ジュウ・ドゥ・ポゥム

Olya et Zoé de Las Cases

Contents

Albertine
アルベルティヌちゃん
Lilly Marthe Ebener · 6

Olya
オリヤちゃん
Zoé de Las Cases · 14

A little walking with a baby
ゾエが案内！赤ちゃんと一緒のパリ散歩 · 22

Romy
ロミーちゃん
Séverine Balanqueux · 24

Stanislas
スタニスラスくん
Laure Chédé · 32

Jeanne
ジャンヌちゃん
Emilie Joubel · 38

Rose
ローズちゃん
Carole Dugelay · 46

Anouk
アヌークちゃん
Marie Mersier · 52

A little walking with a baby
マリーが案内！赤ちゃんと一緒のパリ散歩 · 60

Lou
ルーちゃん
Elisa Gallois · 62

Paul
ポールくん
Carole Daprey · 70

Margaux
マルゴーちゃん
Cécile Figuette · 76

Joseph
ジョセフくん
Charlotte Brière · 82

A little walking with a baby
シャルロットが案内！赤ちゃんと一緒のパリ散歩 · 88

Violette
ヴィオレットちゃん
Madeleine Ably · 90

Lou
ルーちゃん
Capucine Terrin · 96

Arsène
アルセーヌくん
Violaine Belle-Croix · 104

Oscar
オスカールくん
Florence Bories · 110

Paule
ポールちゃん
Anne Sophie Hattet · 116

Shop Addresses for Kids' Interior
ジュウ・ドゥ・ポゥムのおすすめ！パリの子どもインテリア・ショップリスト · · · · · · · · 122

Albertine

maman : Lilly Marthe Ebener

キッチンから漂う、おやつのコンポートの
あまい香りに、笑顔のアルベルティヌちゃん。
アクティヴで、好奇心たっぷりの女の子です。
最近は、まわりにいる人やもの、なんにでも
「ハロー？」と話しかけてみるのがお気に入り。
そんな様子が、とても愛らしいというパパとママ。
かわいい瞬間をおさめた写真は、正方形にプリント。
リボンをかけて、箱におさめて大事にしています。
大きくなって思い出の品を渡す日が、いまから楽しみ！

アルベルティヌちゃん 14か月
le travail de maman : créatrice
de LILLY MARTHE EBENER et
styliste photo / papa : Franck
Delpal

おひさまの色がぬくもりを添えるベビーベッド・コーナー

パリ郊外の街バニョーレにある、インダストリアルな雰囲気のアパルトマンに暮らすアルベルティヌちゃん。ママのリリー＝マルトはファッションデザイナーでスタイリスト、パパのフランクはエコノミストです。お庭付きの広々とした住まいの２階にある寝室に、アルベルティヌちゃんのベッドもあります。太陽の光を浴びて、あせたような色が好きというママ。テキスタイルは明るいオレンジや黄色を選びました。この機会を楽しみたいと、いま少しずつ子ども部屋のインテリアを整えているところです。

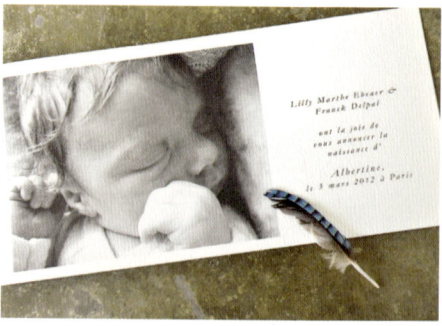

上：ママの立ち上げたブランドのファースト・コレクション。アルベルティヌちゃんは、ママのミューズです。左下：３匹のねこを飼っていますが、この子は公園で拾ってきたリタちゃん。右下：誕生のお知らせカードと、お散歩に行ったときにアルベルティヌちゃんの頭についていた羽根。

上：気持ちのいい光が差しこむベッドルーム。アルベルティヌちゃんもこのお部屋にようやく慣れてきました。中：旅先まで連れて行く、大好きなうさぎのオブジェ。左下：ママがデザインしたカーディガンと帽子とソックスは、アルパカの毛で編んでいて、冬もあたたか。中下：アルベルティヌちゃんのお気に入りのぞう。右下：みんなでお庭で遊んだり、近くの公園やヴァンセーヌの森に行くのが楽しみ。

リビングは、間仕切りもなくて広々としています。日中はプレイマットを敷いてあげて、パパとママや、住み込みのベビーシッターのジュリアのそばで遊びます。

左上：おばあちゃんがプレゼントしてくれたキャンドルは、毎年お誕生日に灯します。左中：赤ちゃん人形は、1歳の誕生日プレゼント。右上：アルベルティヌちゃんがみつめる白猫のトゥインクルくんは、屋根から迷いこんできました。いまではそのころの2倍の大きさに！左下：クリスマスのときにお庭に仲間入りした鹿のオブジェに乗って。右下：お庭の水やりは、ぞうのじょうろで。

Olya

maman : Zoé de Las Cases

レトロな雰囲気のベビーピンクでいろどられた
ロマンチックなプリンセス・ルーム。
王冠の形のニット帽をかぶった、ちいさなお姫さま
オリヤちゃんのためのスウィートなお部屋です。
壁に飾っているのは、ヴィンテージの鏡や、押し花
ママが妊娠中に集めていた女の子のポートレート。
イスやベッドなど、パパとママが手がけた家具も。
愛情たっぷりのインテリアに囲まれて、
すくすくと、ハッピーな女の子に成長するでしょう。

オリヤちゃん 5か月
le travail de maman : créatrice
de ZOE DE LAS CASES / papa :
Benjamin Dewé

ちいさなプリンセスとの毎日は、しあわせのアドベンチャー

かわいい雑貨を発表しているデザイナーのゾエとウェブデザイナーのベンジャマンは、オリヤちゃんを迎えたばかり。お腹の中にいたときから、よく動いていた元気いっぱいのオリヤちゃん。まだことばが分からなくても、話しかけることをきっと理解しているので、コミュニケーションが大切だというパパとママ。大好きなお風呂タイムや、歌、スキンシップなど、日常のすべてがオリヤちゃんにとって「遊び」です。そんな発見にあふれた赤ちゃんといると、毎日が楽しく、しあわせだと語ってくれました。

左：オリヤちゃんが生まれたお祝いに、おばあちゃんが贈ってくれた古いベッド。ちょっとモダンな感じにしたくてペイントしました。天井には駒形克己のモビールを。右上：ニューヨークの「ウフ」の王冠ニット帽をかぶったオリヤちゃんと。右下：「ラ・スリーズ・スール・ガトー」のクッションと、誕生お祝いのうさぎさん。

左上：「ラレ」のクッションの前に腰掛けるお人形は、「ル・トレイン・ファントム」のハンドメイド・ドール。左中：古いドアに車輪をつけて、子ども部屋の引き戸にカスタマイズ。右上：窓を設けて、ちいさなおうちのような雰囲気の子ども部屋に。左下：色あいが好きな雑貨と、コレクションの古い写真をディスプレイ。右下：ガレージセールでみつけた学校用のイスとキックボード。

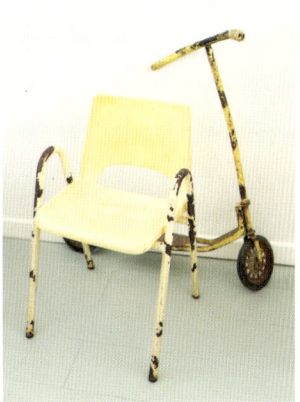

リビングとダイニング、キッチンにアトリエまで、すべてをひとつに。
この広々とした空間をパパとママは、パーティルームと呼んでいます。

左上：マグネット塗料をペイントした黒板には、カードや思い出の写真をピンナップ。右上：ママの雑貨コレクションのひとつ、ボール紙を組み立てて作るキャンディーショップ。右中：50年代のイギリスのはかりに、ボール型のガーランドランプを入れて。左下：オリヤちゃんの冬のお気に入りの帽子と「コンバース」のスニーカー。右下：ボール紙製のロシア風ドールは、ニュー・コレクション。

ママのいちばんのお気に入りのコーナーは、このオープンキッチン。仕立て屋さんで使われていた大きなカウンターに、ガスコンロなどを取り付けてキッチン用にカスタマイズしました。

ゾエが案内！赤ちゃんと一緒のパリ散歩
A little walking with a baby
オリヤちゃんを連れて、家族揃って車でお出かけ。パリのお気に入りの場所に、案内してもらいました。赤ちゃんがいるので、静かな環境で、ゆっくりと過ごせることを大切にしています。

ル・バル・カフェ
Le Bal Café

6, Impasse de la Défense 75018 Paris
www.le-bal.fr

写真や映像など、さまざまなメディアで発表されるドキュメント・イメージを紹介する美術館「ル・バル」に併設されたカフェ。ゾエはここのチーズケーキに目がありません。ちいさな通りの奥まった場所で、向かい側に公園もあって、とても静か。もうすこし大きくなったら、公園で遊ぶことができるので、いまから楽しみ！

モンソー公園
Le Parc Monceau

35, boulevard de Courcelles 75008 Paris

ゾエが幼いときに、両親によく連れてきてもらっていた公園。ぶらんこやメリーゴーラウンド、綿菓子など、子どものころの思い出がいまでもそのまま残っています。とても広い公園で、きれいに整備されているので、家族でのお散歩にぴったり。凱旋門近くにあるので、パリ観光のひとやすみにもおすすめです。

ラ．マニファクチュール・パリジェンヌ
La Manufacture Parisienne

93, rue Marcadet 75018 Paris

いま話題のクリエーターたちの作品が紹介されているギャラリーショップで、ゾエの友だちがオープンしました。テーマを設けて開催される、さまざまな展示会も素敵で、インスピレーションを得ることができます。好奇心いっぱいのオリヤちゃんも、カラフルな雑貨にきょろきょろ。デザインを見る目が養われる空間です。

Romy

maman : Séverine Balanqueux

あわいブルーグレーの壁面に、木が描かれた壁紙
鳥のモビールなど、自然を感じさせるモチーフが
ほっこりとやさしい、ロミーちゃんのお部屋。
ちいさなコクーンのような、居心地のよい場所にと
ロミーちゃんが生まれてくる前に、
パパとママで、たくさんのものを用意しました。
なつかしい「フィッシャープライス」のおもちゃや
ママがNYから持ち帰った、おおかみのぬいぐるみ。
いまではロミーちゃんのお気に入りばかりです。

ロミーちゃん 18か月
le travail de maman：créatrice
de TITLEE / papa：Olivier
Balanqueux

あたたかい思いに包まれる、ちいさなコクーン

パリ南部の郊外の街、モンルージュに暮らす、アクセサリーデザイナーのセヴェリーヌと、カメラマンのオリヴィエ。ロミーちゃんの誕生を心待ちにしていたふたりは、太陽の光がたっぷり入る、静かなこのアパルトマンを選びました。もうすぐロミーちゃんに弟妹ができるので、パパは二段ベッドを作るのを楽しみにしています。子ども部屋のインテリアは、家族から受け継いだものや、旅先で見つけたものなど、それぞれ縁があって集まってきたもの。家族や友だちのあたたかい思いが詰まっています。

上：10年前にインターネット・オークションでひとめぼれした子ども用のイスはいまロミーちゃんのものに。左下：ベッドに並んだクッションは、大好きなデザイナーの作品をはじめ、友人やママの手づくり。
右下：お気に入りのディスプレイ棚。蝶ネクタイがかわいいうさぎは、特に思い出深いぬいぐるみ。

左上：おじいちゃんとおばあちゃんの家のお庭で拾った枝を使って、洋服かけに。右上：ブルックリンの雑貨屋さんでみつけた鳥のモビールと、「ツェツェ」のキュービストライト。左中：ママはいま妊娠中、家族が増えるのがいまから楽しみ。左下：友だちがデザインしてくれたナイトライトが、やさしい光でロミーちゃんを見守ります。右下：チャリティーショップでみつけたキャビネット。

上：ロミーちゃんが6か月のときに、パパが撮影した写真を飾って。左中：おむつは「メゾンジョルジェット」の小物入れに。オリーブオイルとライムウォーターがミックスされた「Liniment oléo-calcaire」でお肌をケア。左下：誕生のお知らせカードには、友だちのアメリに描いてもらった似顔絵とパパが撮影したロミーちゃんのポートレートを使いました。右下：おばあちゃんの手編みのセーター。

上：リビングの壁面には、パパが撮影したスケートボードの少女の写真を中心に、お気に入りのイメージをディスプレイ。クッションは「リバティ」の布地で手づくりしたもの。中：ニューヨークのチェルシー・フリーマーケットで見つけたアルファベット・ブロック。左下：ママ手づくりの星型クッション。中下：友だちのステファニーが贈ってくれた刺しゅう。右下：「ストッケ」のイス「トリップ・トラップ」に、日本の布地を使ってシートカバーを手づくり。

荷物の運送用の木箱を組みあわせて作った本棚。ロミーちゃんはカラフルな本に引きつけられるよう。

Stanislas
maman : Laure Chédé

家族のみんなからは「ピプー」という
ニックネームで呼ばれているスタニスラスくん。
お絵描きと、積み木など組み立てて遊ぶのが好き。
もしかしたら、それは建築家として活躍する
おじいちゃんの影響かもしません。
よいものを、愛情を持って長く使うことが
大事だと伝えたいという、パパとママ。
デザイン家具を、子ども部屋に取り入れて
スタニスラスくんも、大切に使っています。

スタニスラスくん 2歳半
le travail de maman : décoratrice
d'intérieur et créatrice de
MILLIMÈTRES / papa : Florent
Leonet / frère : Léo, 12 ans

ちいさなころから、素敵なデザインとなかよしに

子どものためのセレクトショップ「ミリメートル」のオーナーで、インテリアのデコレーターとして活躍するロール。そしてコンテンポラリー・デザインの家具の代理店で働くフローラン。スタニスラスくんと12歳になるレオくんの家族4人で、18区のアパルトマンに暮らしています。年が離れた兄弟なので、それぞれ自分の世界が持てるようにと、ふたつの子ども部屋を作りました。スタニスラスくんの部屋の壁面はグレーと白のツートンにして、ニュートラルな空間に。おもちゃや雑貨が色を添えています。

左：色使いがキュートなライオンのポスターは、スウェーデンのイラストレーターによるもの。「カルテル」のチェストには、カラフルなおもちゃをディスプレイ。右上：70年代にデザインされた鳥のランプ。右下：アレキサンダー・ジラルドの絵本『カラー』と、フランスのイリス・ドゥ・ムウイの絵本コレクション。

左上：平日は保育園や学校なので、週末はババと一緒に公園やプールに行くのが楽しみ。左中：ロバのぬいぐるみが座っている赤いイスは、「イケア」から1963年に発表された「アンナ」。右上：お絵描きコーナーのテーブルとイスは、「ノール」のもの。左下：フランスの「オヤコ・マガジン」。右下：「ミリメートル」で販売しているクッションたちは、スタニスラスくんもお気に入り。

左上：友だちのフローレントが贈ってくれたラピスラズリのリング。右上：アメリカのウェブサイトでみつけた50年代の積み木「プレイスクール」。左下：リビングの書棚には、古典文学をはじめアートブックなど、たくさんの本が並びます。右中：プラスチックのキューブ型写真立てに、家族みんなの子どものころの写真を入れて。この赤ちゃんは、生まれて8日めのスタニスラスくん。

お兄ちゃんのレオくんのお部屋は、すこし大人っぽいインテリア。自由に組み替えられる「ストリング・システム」を勉強机に、床にはヴィンテージのモロッコじゅうたんを。

Jeanne

maman : Emilie Joubel

ジャンヌちゃんが生まれるときを、じっと待っていた
シックスティーヌちゃんとアルチュールくん。
家族のきずなを、あらためて感じさせる
みんなにとって、大きな感動の瞬間でした。
いまジャンヌちゃんは、お姉ちゃんといつも一緒。
ミントグリーンやパステルピンク、ライトブルー
色使いがとてもガーリーな子ども部屋です。
今日のしずく柄のレギンスは、ママの手づくり。
きっと、おしゃれな女の子になることでしょう。

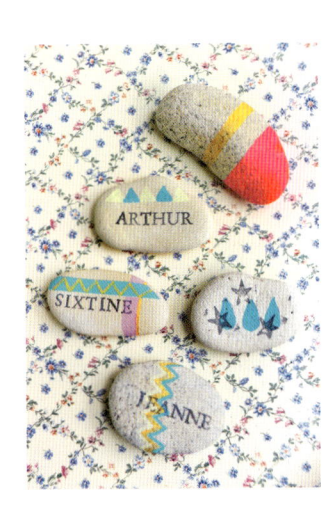

ジャンヌちゃん 14か月
le travail de maman : blogueuse
EMILIESANSCHICHI / papa :
Erwann Joubel / sœur et frère :
Sixtine, 4 ans et Arthur, 6 ans

インテリアのアイデアいっぱい、チャーミングな世界

消防士として活躍するパパ、エルワンの仕事で、パリ郊外のドゥルダンに引っ越してきたジョベル・ファミリー。ママのエミリーは、子どもたちとの毎日をつづるブロガーです。ドゥルダンは森が広がり、中世のお城が残る歴史ある街。一家が暮らすのは高速道路が近く交通も便利で、光がたくさん入ってくる、パティオ付きのアパルトマン。どの部屋も、さわやかな色あわせで、素敵にコーディネートされています。子ども部屋も、男の子と女の子それぞれのチャーミングな世界に仕上がりました。

上：ブロカントでみつけた籐素材の飾り棚に、ジャンヌちゃんのお気に入りを並べて。左下：友だちのブティック「チャーリー＆ジューン」のおうちクッションと、「H&M」のうさぎマスク。右下：ヴィンテージの黒板はもともと学校で使われていたもの。シックスティーヌちゃんの勉強にも役立っています。

左上：シックスティーヌちゃんがベッドで読んでいるのは、最近お気に入りのエルヴェ・チュレの絵本。
右上：シェードを張り替えた「イケア」のランプ、雲のオーナメントもママの手づくり。似顔絵は、ジャンヌちゃん1歳のお祝い。右中：シックスティーヌちゃんの写真をポストカード立てに。左下：ママが子どものころに流行っていたフィギュアたち。のみの市で見かけて、なつかしくて子どもたちに。

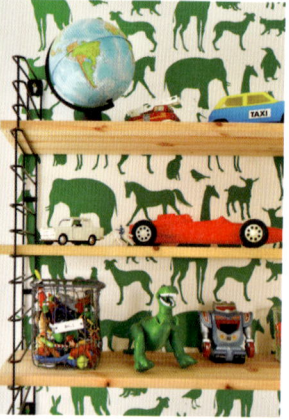

左上：パパやママが子どものころから好きだった絵本『かいじゅうたちのいるところを』をアルチュールくんに。右上：女の子たちの部屋でも、お気に入りのおもちゃを並べていた「トマド」の棚は、チャリティーショップでの掘り出し物。下：自分だけの秘密基地の気分が味わえるように、ボックス型のベッドヘッドを作ってあげました。

家族が集まるリビングルームは、とても居心地のよい場所。家族から譲り受けた食器棚には、ものを詰め込みすぎないように、きれいにディスプレイしながら収納しています。

ママのデスクコーナーの壁面には、お気に入りのイメージを
ピンナップ。ここでブログを書いています。

左上：ジャンヌちゃんの誕生を知らせるカードと思い出の写真。大きくなったときに見せられるように、箱におさめておいています。右上：「フィッシャープライス」のヴィンテージのおもちゃ。左中：ベビーカーの発表会のパーティのときに写真コーナーで作ってもらったカード。左下：ママのハンドメイドのクッションは、オンラインショップで販売中。右下：みんなでダイニングテーブルに集まって、おやつタイム。

Rose

maman : Carole Dugelay

シックなカーキ色にペイントした壁と、明るい白の床
ことりが集うランプシェードに、大きな木の下のソファー。
ここは、ローズちゃんだけのポエティックな森です。
マルゴちゃんとエミールくんに囲まれて
家族みんなのアイドル、おしゃまなローズちゃん。
ママによると、2歳までは天使だったけれど
この1年は、竜巻のようになったのだそう！
やさしくて親切、そしてダイナミックでエネルギッシュ。
個性的で楽しい女の子は、いつも走り回っています。

ローズちゃん 3歳
le travail de maman : fondatrice et directrice artistique de YELLOW VELVET / papa : Stéphane Dugelay / sœur et frère : Margot, 10 ans et Emile, 10 ans

ママのふかふかクッションで遊ぼう！大きな木の下で

ローズちゃん、そしてふたごのマルゴちゃんとエミールくんが暮らすのは、ヴァンセーヌの森近くにある一軒家。お庭にはデザイナーとして活躍するママ、キャロルのアトリエもあります。情報処理の仕事をしているパパのステファンのアドバイスで、ママはクッションのブランドを立ち上げ、ネットショップをスタート。いまローズちゃんのお気に入りの遊びは、そのクッションを山のように積み上げること！ママが手がけたお部屋のインテリアも、やわらかいクッションのように、愛情がたっぷり詰まっています。

上：マルゴちゃんとエミールくんがちいさいときに買ったベンチは、いまローズちゃんのお部屋に。左下：おやすみの時間も光があると安心できるので、きのこのランプを枕元に。ねこのマスクは、保育ママさんのおうちでペイントして持ち帰ったもの。右下：ローズちゃんのフォトアルバムと、誕生のお知らせカードは雑誌「エル」の表紙風に。

左上：みんなでいちばん長い時間を過ごすリビングが、家族のお気に入りの空間。右上：マルゴちゃんが使っていたミニギター。左中：以前「ケンゾー」でテキスタイルデザイナーをしていたママ。そのときに手に入れたバッグをローズちゃんの必需品を入れる旅行バッグに。左下：誕生のお祝いにもらったねこのあみぐるみ。右下：人間工学に基づいて考えられた、モダンなスタイルの木馬。

あちこちののみの市などをめぐりながら、集めたアルファベット看板で壁に名前をつづって。ちょっとくすんだ色あいと、壁面のカーキ色の組みあわせがお気に入り。

上：北欧デザインのヴィンテージ・ソファーには、ママが手がけたクッションがずらり。左下：てんとう虫はおばあちゃんからのクリスマスプレゼント。バイクは、エミールくんからのおさがり。右下：「インスタグラム・フォト・クッション」は、お客さんのお気に入りの写真をクッションに仕上げるサービス。

Anouk

maman : Marie Mersier

やさしいパステルブルーがアクセントになった
アヌークちゃんのお部屋。朝がきて目が覚めると
ママがだっこして、お隣のパパとママの寝室へ。
たっぷり光が入ってくる、明るいベッドの上で
3人一緒のひとときは、しあわせの時間。
パパのおひげで遊んだり、おしゃべりしようとしたり
最近は、ちいさな歯がはえはじめてきて……。
日に日に変わっていく、アヌークちゃんの
表情や様子が、パパとママをほほえませます。

アヌークちゃん 7か月
le travail de maman : rédactrice
et styliste déco

やさしさに包まれた、パリの空色ベビールーム

編集者でスタイリストのマリーと、写真家で映像関係の仕事をしているナタニエル。2012年8月に生まれたアヌークちゃんと一緒に、メゾネットタイプのアパルトマンに暮らしています。2階部分にある子ども部屋は、ヴィンテージとモダンなデザインが心地よくミックスされた、かわいらしい空間。ちいさな家具は、さまざまなトーンのパステルブルーに自分たちでペイント。自然と集まっていたという雲のモチーフの雑貨があちこちにちりばめられていて、まるでパリの空の上にいるような気分です。

アヌークちゃんのベッドのそばに置いた、ママが腰かけるイスには友だちが贈ってくれたムートンレザーをかけて座り心地よく。ベッドはおじいちゃんが水色にペイントしてくれました。

左上：仕事仲間から贈られた出産のお祝いの品々。右上：妊娠中の写真は、妊婦さん用のファッションカタログでモデルをしたときのもの。ポラロイド写真はアヌークちゃんをはじめて家に連れて帰った日に、パパが撮影してくれました。左下：「ブラブラ・キッズ」の人形は、友だちからのプレゼント。右下：収納ケースはママが雑誌の撮影用にペイントしたもので、いまはアヌークちゃんのクローゼットに。

左上：撮影用の小物などをそのまま引き取ることができるのは、スタイリストのお仕事ならでは。
左中：手編みの洋服は、素敵な贈り物。**右上**：アヌークちゃんのお着替え用テーブルは折りたたみ式。**左下**：プレイ・コーナーではオーガニックコットンのラグを敷いて、たくさんのおもちゃを入れて遊ばせます。**右下**：「ラッキー・ボーイ・サンデー」の人形と、友だちが撮影してくれた記念写真。

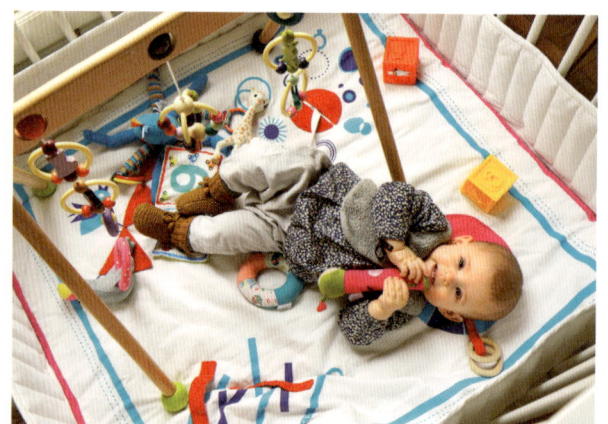

ベッドルームから、アヌークちゃんのお部屋を見たところ。窓があるので、いつも様子がうかがえて安心です。とてもおだやかな空気が流れる、ママのお気に入りの場所。

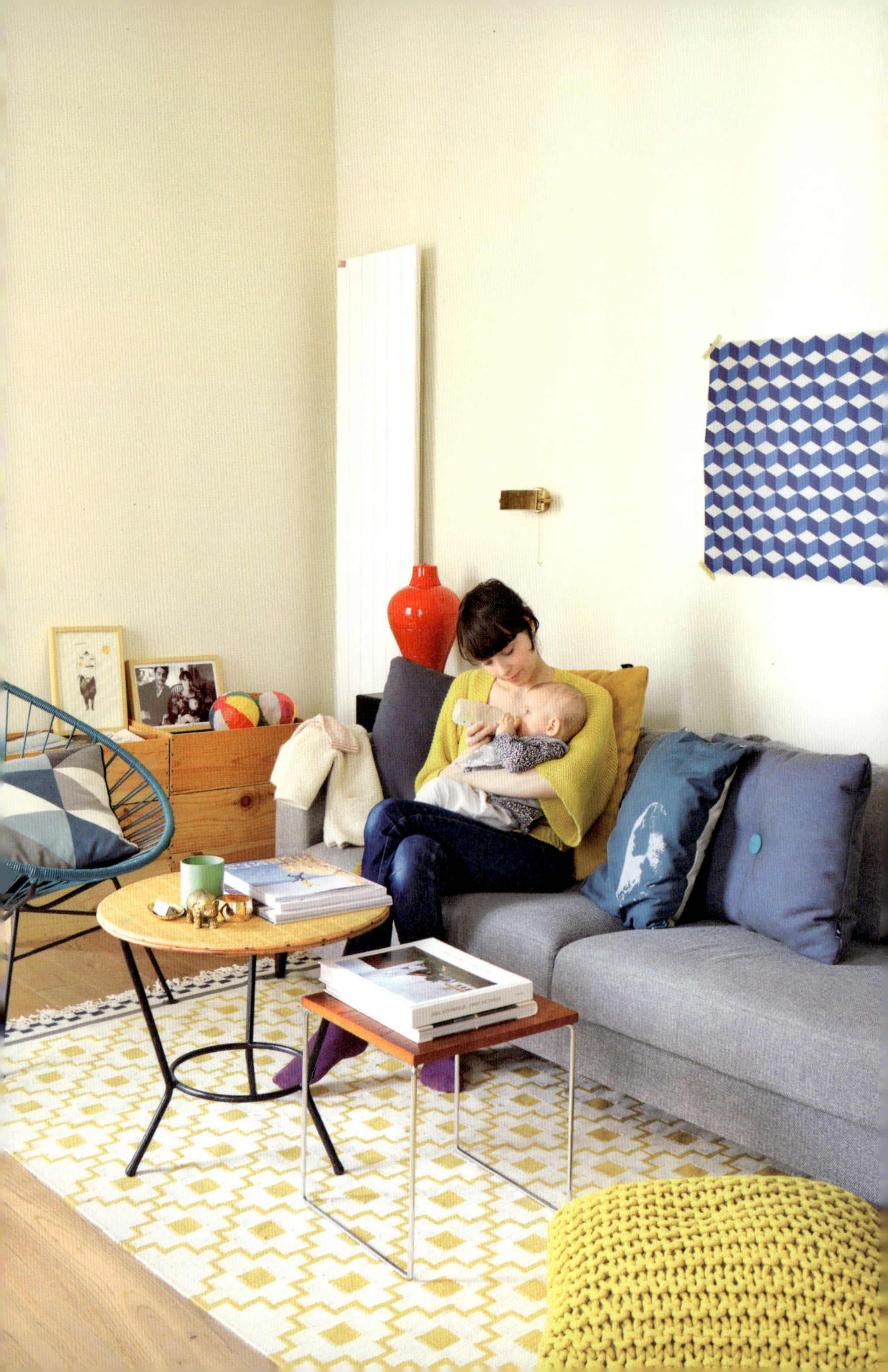

左上：ロンドンのデザイン・フェアにでかけたときにみつけたハンガーフック。右上：最後のふたりだけのヴァカンスにと、南仏のラマチュエルへとでかけたときの思い出の写真。右中：アヌークちゃんのはじめての冬、ずっと一緒だったジャケットとマフラー。左下：「プチ・バン」のスリーパーは、もっとちいさなころに着ていた思い出の品。右下：クリスマスに撮影したモノクロ写真と紙風船をディスプレイ。

マリーが案内！赤ちゃんと一緒のパリ散歩
A little walking with a baby
アパルトマンがあるカルチエは、モンマルトルの丘とサクレクール寺院のあいだ。いろいろなカルチャーがミックスしていて楽しいというマリー。週末の午前中に、アヌークちゃんを連れてお散歩です。

ミリメートル
Millimètres

19, rue Milton 75009 Paris
www.millimetres.fr

この本に登場してくれたスタニスラスくんのママ、ロールのブティック。子ども部屋のためのかわいいインテリア雑貨と出会えるので、なにか贈り物をするときには必ず立ち寄るというマリー。もちろんアヌークちゃんのおもちゃも、ここでたくさんみつけました。ヴィンテージ家具も扱っています。

アリス・ア・パリ
Alice à Paris

64, rue Condorcet 75009 Paris
www.aliceaparis.com

ナチュラルな素材を使った、シンプルでシックなデザインの子ども服が見つかるブティック。さらにうれしいのが、お値段がリーズナブルなこと！定番のブラウスやサロペットなども色あいがおしゃれで、コーディネートしやすいアイテムがたくさん。着心地のいいコットン素材のアイテムをみつけることができます。

ラ・メゾン・メール
La Maison Mère

4, rue de Navarin 75009 Paris
www.lamaisonmere.fr

アパルトマン近くにある、お気に入りのレストラン。アヌークちゃん出産の直前にディナーをした、思い出のお店です。チーズバーガーやシーザーサラダ、そして日曜日のブランチ・メニューもおすすめ。アヌークちゃんを連れて行ったときにも、ベビーカーの置き場所を探してくれるなど、うれしい心遣いも。

Lou
maman : Elisa Gallois

いつもご機嫌で、にこにこしているルーちゃんは
みんなに構ってもらうのがうれしい、甘えん坊さん。
お気に入りのおもちゃのベビーカーやキッチンは
ママが各地ののみの市でみつけた掘り出し物で、
かわいいインテリアのアクセントにもなっています。
ベビーカーのカバーや、うさぎさんのあみぐるみは
ご近所のマダムが、ルーちゃんに編んでくれたもの。
まだちいさいけれども、すべて手の届く場所に置いて
おかたづけしたり遊んだり、独立心を育てる空間に。

ルーちゃん 18か月
le travail de maman : créatrice de MONSIEUR JULES et blogueuse ET DIEU CRÉA / frère : Jules, 7 ans

鳥のように、つばさを広げて！夢も羽ばたく子ども部屋

モンマルトルの丘のふもとに暮らすルーちゃんは、ハンドメイド雑貨のブランド「ムッシュ・ジュール」を立ち上げたママのエルザと、アート＆カルチャー誌「ホワッツ・アップ・ドック？」創設者のパパのドゥニ、そしてお兄ちゃんのジュールくんの4人家族。「すべてかわいくなくちゃ！」というママのポリシーのもと、家中を楽しくデコレーション。子ども部屋には、家族から譲り受けたおもちゃなど、物語が感じられるものがたくさん。キュートなインテリアに、パパとママの思いがこめられています。

上：ブロカントでみつけたキッチンまわりのおもちゃを組みあわせて作った、ルーちゃんのキッチン。左下：クリエーター仲間の友だちが作ってくれた、かわいいクッションがたくさん。右下：押すと音が鳴るソフビ人形は、のみの市で。バンビは友だちからのプレゼント。

左上：名前のオブジェとポスターはどちらもルーちゃんの誕生お祝い。右上：「ツェツェ」と「ハビタ」のコラボレーションで生まれたサクラライトの前に、ヴィンテージのおもちゃをディスプレイ。左下：ルーちゃんのキッチンのまわりにはイラストやうさぎのマスクを飾って、楽しいコーナーに。右下：ひいおじいちゃんとおばあちゃんの食料品屋さん前で撮影された、昔の写真はママのお気に入り。

ジュールくんのお部屋は、グレーをアクセントカラーに。ママはそろそろベッドを変えたいと思っているけれど、ジュールくんは高いところで眠れるハイ・ベッドがお気に入り。

上：この棚に並んだオブジェはすべて、ブロカントが大好きなジュールくんの掘り出し物。中：収納ボックスの上に、かわいいクッションをたくさん並べて、ソファー代わりに。左下：ジュールくんがのみの市でみつけた、恐竜のフィギュアたちをディスプレイ。中下：60年代のサッカーゲーム台は、ママからのクリスマスプレゼント。右下：「ペトロルーズ」のデザイナーからの誕生お祝いのモビールなど、思い出の品を壁にピンナップ。

左上：はじめての洋服コレクションでは、ポーランドからやってきたヴィンテージ布地を使いました。
右上：ママが子どものころに愛読していた自然科学の本。左下：リサイクルショップで見つけたキャビネットは、ガラスを取り外して本棚に。右中：60年代の子ども用ハイチェアは、通りに捨てられていたので持ち帰ってきたもの。右下：学校で使われていた、おもちゃキッチン。

古い家具を素敵に取り入れているリビング。ルーちゃんはママに、フランスの子どもたちに人気のキャラクター、ロバのトロトロくんの絵本を読んでもらっています。

Paul
maman : Carole Daprey

シンプルで使いやすくて、子どもを見守るような
やさしさが感じられる家具やおもちゃ、絵本。
デザインの美しいアイテムが、いつも身近にある
ポールくんのお部屋。ヴィンテージの子ども用家具の
コレクターでもあるママが、ポールくんのために
じっくりと選んだ、愛情あふれるインテリアです。
ひとりで起きられるように選んだ、低めのベッド。
ポールくんは、ここからジャンプして降りるのが大好き。
そして、ここでママに本を読んでもらうのも楽しみです。

ポールくん 2歳半
le travail de maman : créatrice
des Éditions PIQPOQ

子どもにも大人にも愛される、心地のいいデザイン

ヴィンテージのデザイン家具への情熱から、20世紀デザインにまつわる書籍を出版する「エディション・ピクポク」を立ち上げた、ポールくんのママのキャロル。パパのアントワーヌはグラフィックデザイナー、そしてお兄ちゃんのヘクトールくんとお姉ちゃんのポーリーヌちゃんの家族5人でモンマルトルに暮らしています。ポールくんはすでに、パパやママとNYや東京など海外に行ったことも。両親ともにフリーランスで自由になるので、できるだけ子どもたちと一緒にいろいろなことを経験したいと考えています。

上：ずっとベッドを探していたママ。「カロン・ステュディオ」のベッド「エコー」は理想的でした。のみの市でみつけたローチェストは、ポールくんにちょうどいいサイズ。左下：60年代から70年代のデザイナーによるおもちゃは、ママのお気に入りばかり。右下：パパが子どものころにはいていた靴とポールくんのはじめての靴。

左上:ママの出版社から発売している『ベイビーブック』は、じゃばらになった冊子を広げると身長計に。右上:フロス社のデスクランプ、ネフ社の積み木、カイ・ボイスンがデザインしたおもちゃ。左下:50年代のチェストはポールくんの洋服入れに、ぞうの黒板は60〜70年代にフランスで作られたもの。右中:マグネットでくっつくパズルは、チェコから。右下:スペインの「ボボショーズ」のクッション。

上：南仏の音楽学校で使われていたチェストなど、リビングにもヴィンテージ家具がいろいろ。
左下：子どものためのデザイン家具を紹介したママのはじめての書籍。オレンジのイスは、ルイジ・コラーニ作。右中：インゲラ・アレアニウスのメラミン・プレート。右下：フレダン・シャブールによる絵本とおもちゃ。いまママはこのデザイナーについての本を作っています。

74

北欧のテーブルにあわせたイスは、アルネ・ホブマン・オルセンのデザイン。あたたかみのある味わい深いデザインが、家族の暮らしを心地よくいろどります。

Margaux

maman : Cécile Figuette

ひらひらとちょうちょが、可憐な野の花の上を舞う
ウォールペーパーは、マルゴーちゃんのために
ママがデザインした「ジャイアント・ガーデン」。
ベッドで横になると、草花の影に隠れて遊ぶ
うさぎさんになったような気分になれます。
しあわせな気持ちで眠ったり、楽しい夢を見たり
ベッドルームは、ゆっくりできる空間に。
そして広いリビングで、妹のナオミちゃんや
ママとパパ、みんなで遊ぶのが、お気に入りです。

マルゴーちゃん 2歳
le travail de maman : co-fondatrice
et designer de MINAKANI LAB /
sœur : Naomi, 9 mois

ママのお花に囲まれたプチ・ジャルダンでいい夢を

マルゴーちゃんとナオミちゃんのママ、セシールはパリで人気のデザイン・デュオ「ミナカニ・ラボ」の共同創立者。壁紙を中心に、テキスタイルなどのデザインも手がけています。パパのブルースと家族4人で暮らすのは、もともとオフィスやアトリエとして使われていたという、広々としたアパルトマン。ナオミちゃんが生まれたとき、マルゴーちゃんもまだちいさかったので、最初は妹を迎えるのが大変でした。いまはすっかりなかよしになった姉妹の関係が保てるよう、両親も平等に扱うことを心がけています。

左：ひいおばあちゃんは最近「イケア」に夢中。マルゴーちゃんの1歳の誕生日に、イスをプレゼントしてくれました。ベッドも「イケア」のクラシックなデザインのもの。右上：マルゴーちゃんは音楽が大好き、ナオミちゃんもそれにつられてジャンプすることも！右下：おばあちゃんからの贈り物は、うさぎのぬいぐるみ。

上：ナオミちゃんのベッドルーム。赤い牛は、チェコで活躍したデザイナー、リブシェ・ニクロヴァによるおもちゃ。中：子どもたちが描かれたテキスタイルは、ママがパパと出会うずっと前にみつけたもので、女の子たちが生まれて、ようやく飾り場所が決まりました。左下：ベッドの枕元にはオルゴールを。中下：「ミナカニ・ラボ」でのパートナー、フレデリックからもらったベカシーヌ人形。右下：ベッド近くの窓には「マリメッコ」のテキスタイルで目隠しを。

リビングの床はコンクリートなので、たくさんのカーペットやラグを敷きつめて。家具や壁のデコレーションのほとんどが、チャリティーショップでの掘り出し物です。

左上：リビングの一角には、お絵描きデスクも。右上：マルゴーちゃんのお絵描き帳。おもちゃはママお気に入りのお店「レ・プチ・ブラ＝ブラ」で。　右中：思い出の写真をピンナップしたコーナー。子どもたちが泣いている写真は、その状況にママが困ってしまって、落ち着くために撮影した1枚。左下：ガレージセールでの掘り出し物。右下：パパが子どものころに読んでいた本とカシミヤの靴下。

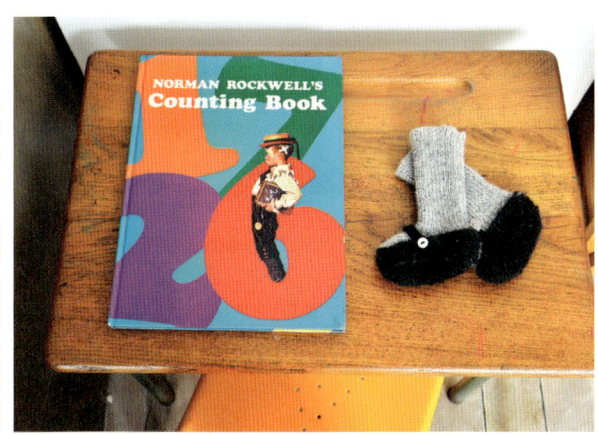

Joseph

maman : Charlotte Brière

ジョセフくんのオリーブグリーンのベッドは
もともとお姉ちゃんのピアちゃんのためのもの。
でも、大きなベッドじゃないと眠れないと
パパとママのベッドに、毎晩もぐりこむので、
いまはジョセフくんのための場所になっています。
壁の招き猫のポスターは、ちいさな劇場のプログラム。
ピアちゃんはねこに、シャトゥイエと名前をつけて
マスキングテープで、おうちを作ってあげました。
ジョセフくんをいつも笑わせてくれるねこちゃんです。

ジョセフくん 6か月半
le travail de maman：styliste
photo

にっこり笑う青いねこが見守る、ふたりの成長

ジョセフくんは、スタイリストとして活躍するママのシャルロットとパパのニコラ、4歳になるピアちゃんとサンマルタン運河近くに暮らしています。アパルトマンは、家族のあたたかな雰囲気が感じられる空間。ピアちゃんとジョセフくんは、いまはまだ一緒のお部屋なので、それぞれのコーナーが持てるように工夫しました。ジョセフくんにとっては、眠るためだけの場所ですが、ピアちゃんには本を読んだり切り抜き遊びをしたりできるデスクや、おままごとコーナーを。もう少ししたらジョセフくんも一緒に遊べるようになるでしょう。

左：ピアちゃんの1歳の誕生日プレゼントに、おばあちゃんが贈ってくれたおままごとキッチン。ジョセフくんはいまどこにでも登りたがる時期なので、このキッチンにも手を伸ばします。右上：「ボントン」のショッピングバッグは、おでかけのときに、小物入れに大活躍。右下：ピアちゃんお気に入りの「ポカホンタスのブーツ」。

左上：ジョセフくんはふたりめだったので、妊娠中も余裕があって落ち着いた気分だったというママ。左中：のみの市でみつけた籐のイスにのせた、きつねのクッションはママの手づくり。右上：「イケア」のベッドは、成長にあわせて、長さを変えることができます。左下：学校ごっこをするのが好きというピアちゃんに、パパがドリルを買ってくれました。右下：ジョセフくんに似あうギンガムチェックのシャツ。

上：リビングルームは、3つの大きな窓がある気持ちのいい空間。中：ジョセフくんが生まれたときに、友だちがプレゼントしてくれた青い木製のトラック。ラッパのおもちゃは、ピアちゃんのお気に入り。左下：「イケア」やのみの市など、いろいろなところで集めたおままごとアイテム。中下：ピアちゃんがはじめて描いた絵をフレームに入れて。右下：ママがピアちゃんのために縫った食事用のスモック。

「ベビービヨルン」のバウンサーは、ママのお姉さんに借りているもの。赤ちゃんが自分でバランスを取って遊べるので、とてもすばらしいイスです。

シャルロット案内！赤ちゃんと一緒のパリ散歩
A little walking with a baby

映画「アメリ」でも有名なサン・マルタン運河界隈はお散歩にぴったりの場所。シャルロットのアパルトマンからも近い、このエリアにある「本当は教えたくないアドレス」に案内してもらいました。

ラ・シャンブル・オー・ゾワゾー
La Chambre aux Oiseaux

48, rue Bichat 75010 Paris

朝ごはんやランチメニューをはじめ、ホームメイドのパンやドリンクが楽しめるカフェ。お食事やケーキもおいしいけれど、ジンジャービールもおすすめというシャルロット。美しい壁紙にヴィンテージの家具など、インテリアもどこかなつかしい雰囲気で、まるで家にいるようにくつろぐことができる空間です。

アナイス・エ・マルタン
Anaïs et Martin

13, rue des Récollets 75010 Paris
www.anaisetmartin.com

子ども服やおもちゃなどが集まるリサイクルショップ。どんどん成長する子どもたちの洋服は、買い替えも大変。このお店は委託販売のシステムを取り入れているので、自分の家では使わなくなったものを持ってくることもできます。セレクトがよくて、シャルロットはここに来るといつもなにか買って帰るそう。

サン＝ルイ病院のお庭
Jardin de l'Hôpital Saint-Louis

1, avenue Claude Vellefaux 75010 Paris

ぐるりと病院の建物に囲まれた、この静かなお庭はあまり多くの人に知られていないので、まさに秘密の庭園。子どもたちが走り回っても安心できるので、週末によく遊びに行くというシャルロット。家族でピクニックをしたり、友だちどうしで集まって子どもの誕生会を開いたりすることも。

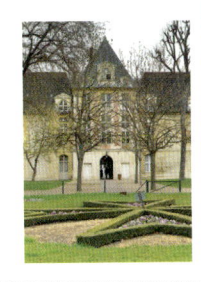

Violette

maman : Madeleine Ably

色あわせが素敵なヴィオレットちゃんのおうち。
いつもママは、色で冒険を楽しんでいます。
それぞれのお部屋に、さまざまな色を取り入れて
カラフルでハッピーなアパルトマンが生まれました。
ヴィオレットちゃんのお部屋の壁の色は
すぐに決まりました！その素敵な名前にちなんだ
アメジストみたいに、深くて明るいバイオレット色。
ベッドもパステル・バイオレットにペイントして。
プラチナブロンドにも、よく似あう色です。

ヴィオレットちゃん 2歳
le travail de maman : co-fondatrice de SIXSOEURS

パリ・シックなカラーリングのガールズ・ルーム

クローゼットに眠っていた宝物の委託販売を受ける「シススール」は、マドレーヌたち6人姉妹による新しいスタイルのオンラインショップ。妊娠中にこのビジネスがスタートしたので、ヴィオレットちゃんはまさに「シススールの赤ちゃん」とママも笑います。平日は朝起きると、4歳半のアベルくんと一緒に保育園へ。夕方おうちへと帰ってくると、ママにとっては竜巻のような時間。そのかわり週末は、パパのマチアスも一緒にみんなで田舎に行って、いとこたちと会ったり、自然や海を楽しんだりします。

左：バイオレット色にペイントした壁にあわせて、50年代の整理棚もペイント。靴や本などをディスプレイしながら収納しています。右上：スペインの女性デザイナー、ヴェロニカによるブランド「Depeapa」のバッグバックトート。右下：おばあちゃん手づくりのぞうのクッション。

左上：ヴィオレットちゃんのもとに、少しずつ集まってきたぬいぐるみたち。右上：ベッドの枕元には「ムーラン・ロティ」のモビール。左中：ヴィオレットちゃんのファッションは動きやすさの中に、女の子らしいディテールをプラス。えりの形がかわいいチュニックとカーディガンは、おばあちゃんの手づくり。左下：遊び仲間のくまさん。右下：のみの市でみつけた水色のチェストには、おもちゃなどを収納。

リビングの家具のほぼすべてが、のみの市などでみつけたヴィンテージ。50年代から70年代、フランスやモロッコなど、さまざまな時代や街から集まってきたものを上手にコーディネート。

上：キッチンは、ママの出身のノルマンディーを感じさせるインテリアに。70年代のイスに、チェック模様のかわいいキャニスターセットが色を添えます。左下：家族の写真を食器棚にピンナップ。右下：リサイクルレザーを素材に、ママが手がける「シススール・アトリエ」のバッグ。

Lou

maman : Capucine Terrin

おひさまの光をたっぷりと取りこめるようにと
ガラス張りにした壁が、開放的なルーちゃんのお部屋。
パパとママのベッドルームにつながっているので
どんなときも安心、のびのびと遊ぶことができます。
しきりのないおうちなので、ルーちゃんは
あんまり人見知りもしないで、社交的になれました。
お絵描きやシール遊び、おままごとがお気に入り。
マイペースに、次々とおもちゃを変えながら
くるくると夢中になって遊ぶ様子が、かわいいです。

ルーちゃん 2歳半
le travail de maman：styliste
photo

のびのび自由なこころを育てる、明るいオープンルーム

スタイリストのカプシーヌと、イベント関係のお仕事をしているアドリアンが暮らすのは、アリーグル市場近く。昔ながらのアトリエのような空間を、自分たちでリフォームしました。もうすぐルーちゃんの弟を迎えるところで、ママは大きなお腹。ルーちゃんにもいいお姉ちゃんになってもらえるようにと、ゆっくりとお話をしました。幼いときに両親がそうしてくれたように、子どもを信頼して自由にしてあげたいというママ。守るべきルールはしっかり伝えて、理解してもらうことを大切にしています。

左：子ども部屋のドアをあけると、すぐに置いてあるのが、この木製のキッチン。「アンヌ＝クレール・プチ」のニットの水玉ティーセットで、ティーパーティーの準備中。右上：ペーパーランプをカスタマイズして気球に。気球はママとパパの出会いのきっかけ、いまは家族で楽しむようになりました。

上：自由にお絵描きできるように、ロールになった紙がセットされた黒板イーゼル。中：のみの市でみつけたローチェストは、ペイントしなおして、ルーちゃんの洋服入れに。左下：おやすみの時間にかけるオルゴール。中下：2匹のくまは、ルーちゃんがいつでもどこにでも連れて行く、お気に入りのぬいぐるみ。右下：赤ちゃんのときのルーちゃんとゴッドマザーのアルバム。

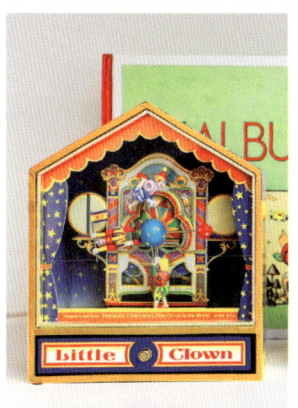

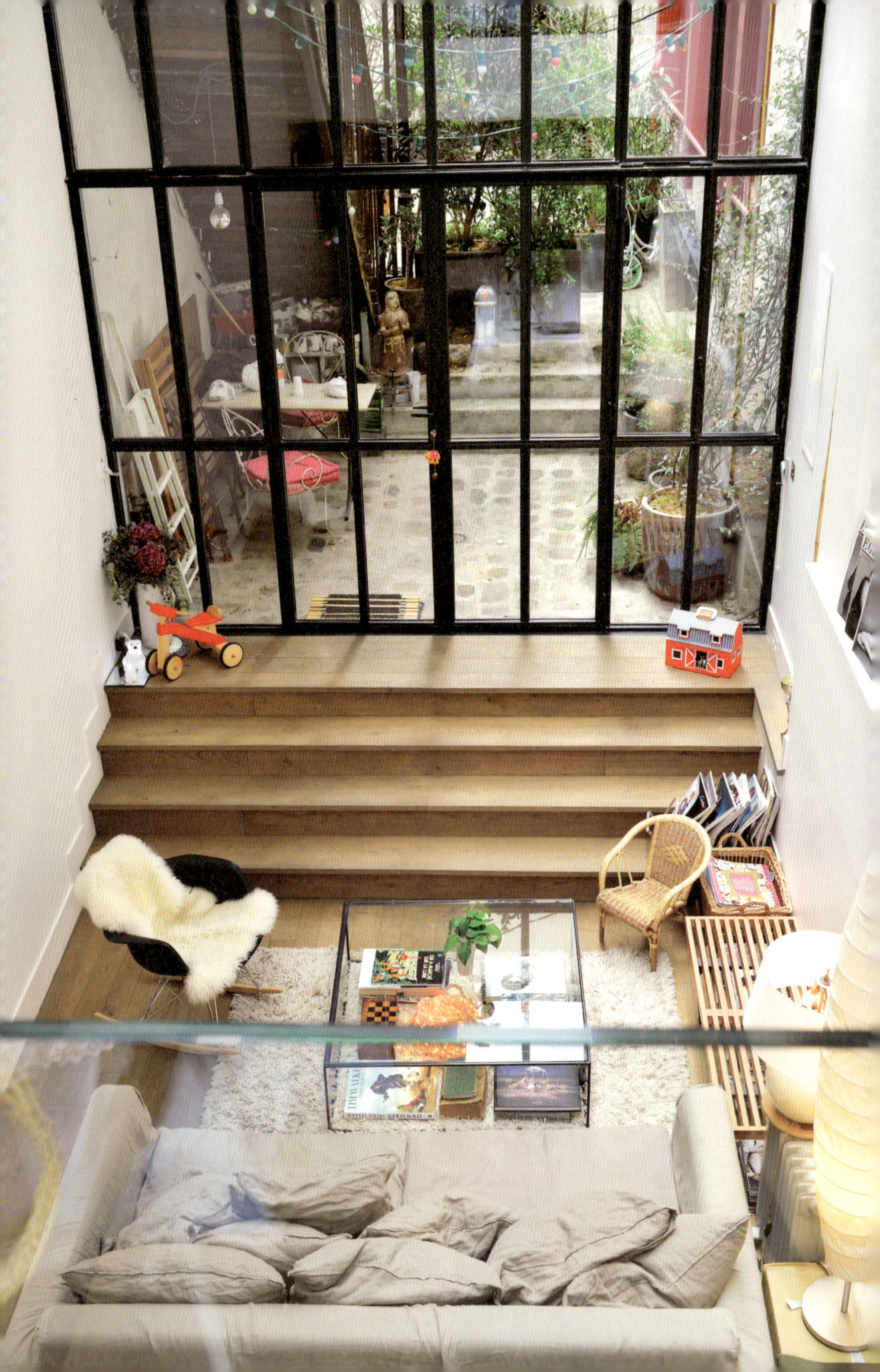

上：パパとママの寝室に用意されたベッドは、もうすぐ生まれるルーちゃんの弟のセレスタンくんのために。左下：農場がモチーフになったドールハウスの中には、動物のフィギュアがいっぱい。ルーちゃんがうれしそうに見せてくれました。右中：ブラジルのイパネマのビーチに行ったときの思い出の写真。いぬの形のピッチャーはリスボンから。右下：木製の三輪車でお散歩に行くのが、ルーちゃんの楽しみ。

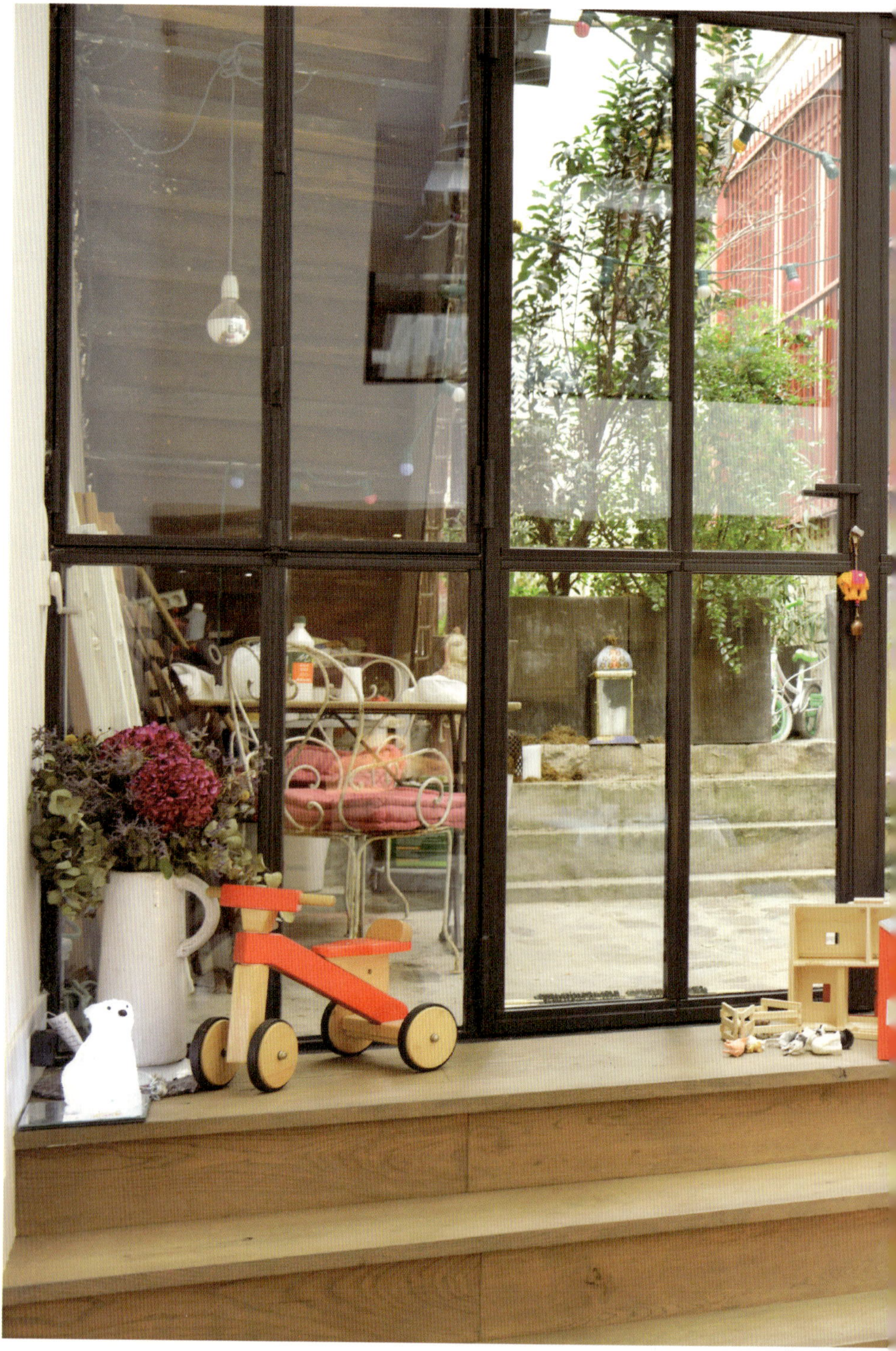

お庭に面したガラスの壁面は、おじいちゃんのデザイン。屋外とひと続きになって開放的で明るいリビングになりました。

Arsène

maman : Violaine Belle-Croix

シックなブルーが、深い海の底のような子ども部屋。
アルセーヌくんと、4歳のお兄ちゃんのアシーヌくん
ふたりのための空間です。まだちいさなアルセーヌくんも
やっぱり自分のお部屋は、お気に入りの様子。
思いきりからだを動かして、元気いっぱいに遊びます。
お誕生のときに、家族やお友だちから贈られた
プレゼントは、いまも大事にディスプレイして……。
大きくなったときに、みんなの思いがこもった
その宝物のことを知ってほしいとママは思っています。

アルセーヌくん 10か月
le travail de maman : créatrice
de CLOTAIRE et journaliste

お気に入りの色で壁や家具をペイントして、リフレッシュ

「クロテール」は、50年代の学校用の靴にインスパイアされた、流行に左右されないデザインで、パリの若いママたちに注目される子ども用の靴ブランド。ふたりの男の子のママ、ヴィオレーヌはモード・ジャーナリストとして活躍しながら、このブランドを立ち上げました。家族4人はモンマルトルに暮らしています。映画監督のパパ、ブノワは引っ越しを考えていたけれど、壁面をペイントしてみると、アパルトマン全体が見違えるように。子ども部屋の家具も、あわせて塗り替えて、リフレッシュしました。

左：イスはアシールくんの誕生祝いの品で、オランダの「ビアンカ＆ファミリー」のもの。まるいクッションは、パリのショップ「ムスカハヌ」で。右上：友だちのジュリーから贈られたフェルトのぞうと、日本の友だちから贈られた布ぞうり。右下：楽しい形のクッションがいろいろ。

左上：赤い水玉ミニトランクの上に、「ファーム・リビング」の動物フィギュアをディスプレイ。
右上：おばあちゃんから贈られた刺しゅう入りのサシェ。左下：名前入りのカップはおじさんとおばさんからの贈り物。右下：いまは使わなくなっただんろのマントルピースは、ディスプレイにぴったりのコーナー。壁と同じ色にペイントしたフレームでアクセントをつけて。

左上：何枚も揃えているボーダーTシャツは、ブルターニュ出身のママにとって、海を感じさせるアイテム。**右上**：子どもたちとのちいさな思い出を写真と文章でつづった宝物のようなノート。**左下**：「ストッケ」のイスは、シックな黒を選んで。**右中**：ガラスドームの中には、3か月ごろのアシールくんを撮影した写真。**右下**：ママが手がける「クロテーヌ」の子ども靴は、色使いが楽しい！

70年代末にパトリック・ライランドがデザインした「ベイビー・トレーナー」をリビングに置いて、アルセーヌくんのプレイ・コーナーに。

Oscar

maman : Florence Bories

ピュアなホワイトカラーの子ども部屋には
おだやかな時間が、ゆっくりと流れるよう。
オスカールくんとお兄ちゃんのリュカくんのために
ママは、白をベースにしたインテリアにしました。
時が移ろいでも変わらない、美しさを大切にしながら
これから大きくなる男の子たちの成長にあわせて
アレンジしやすい空間に、デコレーションして。
オスカールくんは、ママといるのが大好き。
お仕事中もいつもそばに、おとなしく一緒にいます。

オスカールくん 5か月
le travail de maman : créatrice
de PIGMÉE

ベビーにぴったり、コットンのようなピュアな空間

エッフェル塔まで見渡せるモンマルトルのアパルトマンに暮らす、オスカールくんファミリー。ママのフローランスは、テキスタイル雑貨ブランド「ピグメ」を立ち上げて、子どもと大人の世界の調和を大切にしたコレクションを発表しています。パパのロマンは、インターネット関連会社の経営者。素敵なデコレーションのコツは、白をベースに使うことというママ。アトリエ風の家具やのみの市での掘り出し物、手づくり雑貨など、ぬくもりのあるものを取り入れて、ソフトな雰囲気を心がけています。

上：男の子たちのママだけれど、クローゼットはいつでもきれいにかわいくしていたいというママ。クローゼットの内側には、サーカスをテーマにしたトワル・ド・ジュイ柄の壁紙を貼って。右ページ左上：「ボンボワン」のジャケットと「フィラメント」のシューズは、シックなブルーグレーの色がお気に入り。

右上:「ボントン・バザール」でみつけた竹の鳥かごと、「無印良品」のボール紙でできた動物。左下:マダガスカルの伝統的な赤ちゃん用のゆりかごは、マダガスカル出身のおばあちゃんが家族から引き継いだもの。右下:天井から吊り下げたぶらんこに座る人形は、ジェス・ブラウンの作品。バスケットにたくさん入っている「ピグメ・ドール」は、子どもたちのイマジネーションをふくらませるおもちゃ。

左上：上のフロアと簡単に行き来ができるよう、このらせん階段を取り付けました。右上：リュカくんの成長を記している柱。右中：はじめて作った「ピグメ・ドール」と、ネパールの伝統的なプリント手法を使ったブランド「KETIKETA」のベッドリネン。左下：白いジャージのレギンスは、インドの民族衣装のパンツ、チュリダーに似たスタイル。右下：ママが手づくりしたパッチワークラグ。

窓からエッフェル塔が見えるリビングは、家族みんなが集まる落ち着く場所。壁にはおじいちゃんから引き継いだパトリス・ジャンの奥さんエヴリンの肖像画を飾りました。

Paule

maman : Anne Sophie Hattet

いろとりどりのちいさなフェルトボールがくっついた
まるいラグが、ポールちゃんのお気に入りの遊び場所。
おもちゃで遊ぶとき、絵本を読むときはラグの上で。
お腹にポールちゃんがいるあいだに、ママとパパは
ちいさなお部屋を、カラフルにデコレーション。
おままごと遊びをするところを見るのが楽しみで
壁面には、レストラン「シェ・ポール」をオープン！
そのとなりには、食料品屋さんも増やして、
すこしずつポールちゃんの物語の世界を広げています。

ポールちゃん 18か月
le travail de maman : architecte d'intérieur

イマジネーションを大切に、かわいいお店屋さんへようこそ

建築家のアンヌ・ソフィーとアートディレクターのアレクシスのカップルは、自分たちですべてリフォームできるアパルトマンを探していました。壁も腐りかけているような放置された物件をみつけて、部屋と部屋がつながるエスカルゴのような間取りの住まいを、ゼロから作りました。子ども部屋はもともとママのアトリエだった場所で、パパとママの寝室のおとなり。おままごとやお店屋さんごっこのコーナーを作り、遊びをとおして、ポールちゃんが自分の世界を表現できることを大切にしています。

左:ポールちゃんが歩きはじめたころに使っていた手押し車をカスタマイズして、レストラン「シェ・ポール」の配達サービス用のワゴンに。右上:フェルトでできたハンガーフックは、色や質感が子ども部屋にぴったり。右下:本物のレストランのキッチンのように、調理器具は吊るして収納。

左上：ポールちゃんは、パパとママをお茶に招待するのが大好き。きれいに並べた色とりどりのケーキをおすすめしてくれます。右上：パパがデザインした、誕生お知らせカード。左下：プラスチックのおもちゃはできるだけ避けているママ。動物フィギュアやパズルも木製のものを。右下：色がきれいな木製のイスを探していたときに出会い、ひとめぼれしたテーブル付きチェア。

CHEZ PAULE

l'épicerie

MURDER
PINPIN

Shop Addresses for Kids' Interior

ジュウ・ドゥ・ポゥムのおすすめ！
パリの子どもインテリア・ショップリスト

クッションにガーランド、ぬいぐるみに家具など、子ども部屋のためのインテリア雑貨がみつかる、パリの素敵なお店を紹介します。シックな色使いやアートを感じるデザインで、大人の私たちも気に入ってしまう、かわいいアイテムと出会えるアドレスです。

アンナ・カ・バザール
Anna Ka Bazaar
17, rue Jean Beausire 75004 Paris
www.annakabazaar.com

子どものためのインテリア雑貨やファッション小物のセレクトショップ。布地やリボンなどハンドメイドが楽しくなる素材も揃っています。

ブルー
Blou
77, rue Legendre 75017 Paris
www.blou.eu

コンテンポラリー・アートを感じさせるデザイン雑貨を集めたコンセプトストア。子ども部屋にも似あう、カラフルで楽しいアイテムがみつかります。

ボントン
Bonton
5, bd des Filles du Calvaire 75003 Paris
www.bonton.fr

きれいな色使いとシンプルなデザインで人気の子ども服ブランド「ボントン」。北マレ地区のショップでは家具や雑貨まで、幅広いセレクションが楽しめます。

シェ・ボガト
Chez Bogato
7, rue Liancourt 75014 Paris
www.chezbogato.fr

まるで雑貨のような楽しいデコレーションのケーキやクッキーのお菓子屋さん。おいしいお菓子だけでなく、キッチン用品やパーティグッズなどの雑貨も。

フレンチ・トゥーシュ
French Touche
1, rue Jacquemont 75017 Paris
www.frenchtouche.com

フレッシュなクリエーターたちの作品の発表の場所として生まれたギャラリーショップ。インテリア雑貨に子ども服、文房具など、楽しい出会いに満ちた空間です。

イエ
ie

128, rue Vieille du Temple 75003 Paris
www.ieboutique.com

肌触りのよいインド綿に、楽しいプリントをほどこしたオリジナルの子ども服と、旅先で出会った雑貨が集まるお店。ハンドメイド派には計り売りの布地もおすすめ。

ラ・ココット
La Cocotte

5, rue Paul Bert 75011 Paris
www.lacocotte.net

オリジナルのキッチン雑貨の販売のほか、ワークショップなどのイベントも行う「フード」をテーマにしたアトリエショップ。子ども用エプロンやスタイもかわいい。

ローレット
Laurette

18, rue Mabillon 75006 Paris
www.laurette-deco.com

まるみのあるフォルムとシックなカラーリングの子ども用家具「ローレット」のブティック。ヴィンテージ家具やベッドリネン、小さな雑貨なども扱っています。

レ・プチ・ブラ＝ブラ
Les Petits Bla-Blas

7, rue de Crussol 75011 Paris
www.lespetitsblablas.com

オリジナルの子ども服やインテリア雑貨に使われている、レトロな雰囲気のポップなプリント布地がチャーミング。文房具などのセレクト雑貨も。

リリブル
Lilli Bulle

3, rue de la Forge Royale 75011 Paris
www.shop.lillibulle.com

子ども服や子どものための雑貨を手がける、まだ世に知られていない若いクリエーターの作品が集まったブティック。魅力的なクリエーションと出会える空間。

マンドルラ・パレス
Mandorla Palace

34, rue François Miron 75004 Paris

マレ地区のサン・ジェルヴェサン・プロテ教会そばにあるお店。子ども向けのデザイン家具や雑貨をセレクトしています。

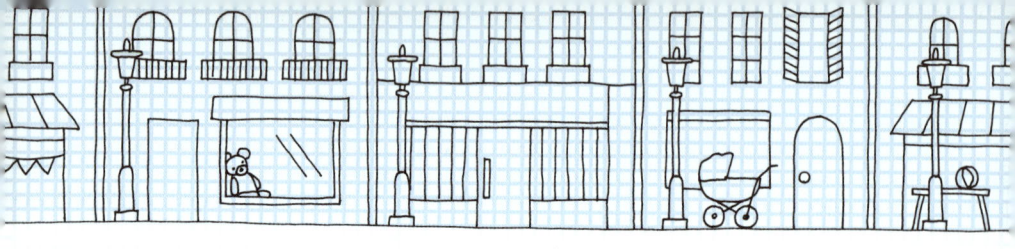

マラレックス
Maralex
1, rue de la Pompe 75116 Paris
www.maralex-kids.com

もともと靴屋さんとして有名な「マラレックス」が、子どものための百貨店をオープン。靴はもちろん、洋服、おもちゃ、本、家具など幅広い品揃え。

メルシー
Merci
111, bd Beaumarchais 75003 Paris
www.merci-merci.com

ショッピングをとおしてボランティアに参加できるというコンセプトのセレクトショップ。最新アイテムからヴィンテージまで一緒に並ぶ、ディスプレイも素敵です。

ミニバス・プチ・バザール・ヴィンテージ
Minibus Petit Bazar Vintage
4, rue Monte Cristo 75020 Paris

トイポップ・ミュージックのバンド「ドラジビュス」のボーカル、ロールがオープンしたショップ。50～80年代のかわいいヴィンテージが集まります。

ムスカハヌ
Muskhane
3, rue Pastourelle 75003 Paris
www.muskhane.fr

ヒマラヤの文化とネパールの手工芸がインスピレーションになったショップ。ウールフェルトのラグやバスケットのやわらかい質感は、子ども部屋にぴったり。

パン・デピス
Pain d'épices
29, passage Jouffroy 75009 Paris
www.paindepices.fr

美しいアーケード通り、パッサージュ・ジュフロワ内にあるおもちゃ屋さん。ドールハウスの小物もたくさん揃っている店内に、大人も夢中になってしまいます。

ペパス
Pepa's
40, rue des Petits carreaux 75002 Paris
pepaskids.com

家具や雑貨、洋服、ベビーグッズなど、赤ちゃんの世界をいろどるデザイン・アイテムが揃うショップ。赤ちゃんの誕生祝いにぴったりのアイテムがみつかります。

プチ・パン
Petit Pan

37, 39 & 76, rue François Miron 75004 Paris
www.petitpan.com

モビールなど、中国凧がベースになったインテリア・オブジェが大人気。オリジナルの洋服や手芸用の素材など、「プチ・パン」の世界はますます広がっています。

ポワ・プリュム
Pois Plume

71, rue d'Argout 75002 Paris
www.poisplume.com

ディスプレイしておきたくなるおもちゃ、ママのためのアクセサリーなど。親子がしあわせになるアイテムと出会える、子どもの世界のセレクトショップ。

セレンディピティ
Serendipity

81- 83, rue du Cherche-Midi 75006 Paris
www.serendipity.fr

子どものためのシックなインテリアを、パリでもいちはやく提案したインテリアショップ。子どもたちに親しみやすく、大人も素敵と思えるデザインが揃っています。

セントゥー
Sentou

29, rue François Miron 75004 Paris
www.sentou.fr

世界各地で出会ったすばらしいデザインを紹介するインテリアショップ。カラフルなアイテムが多いので、子ども部屋インテリアのポイントになりそう。

ザ・コレクション
The Collection

33, rue de Poitou 75003 Paris
www.thecollection.fr

コンテンポラリーで機能的、どこかにストーリーを感じるオブジェを扱うデザインショップ。クリエーターとコラボレーションした壁紙コレクションに注目！

ウベ・ウレ
Ube Ule

59, rue Condorcet 75009 Paris
www.ube-ule.com

ショーウィンドウの素敵なディスプレイが、通りを行く人の目をひきつけるブティック。子ども服を中心に、おもちゃや雑貨をセレクトしたカラフルな空間です。

toute l'équipe du livre

édition PAUMES

Photographe : Hisashi Tokuyoshi

Design : Kei Yamazaki, Megumi Mori

Illustrations : Kei Yamazaki

Textes : Coco Tashima

Coordination : Marie Mersier, Deborah Sfez

Conseillère de la rédaction : Fumie Shimoji

Éditeur : Coco Tashima

Responsable commerciale : Rie Sakai

Responsable commerciale Japon : Tomoko Osada

Art direction : Hisashi Tokuyoshi

Contact : info@paumes.com   www.paumes.com

Impression : Makoto Printing System

Distribution : Shufunotomosha

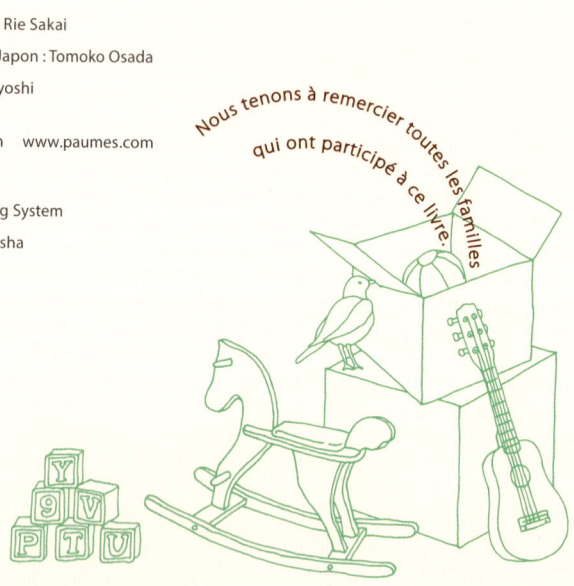

Nous tenons à remercier toutes les familles qui ont participé à ce livre.

édition PAUMES　ジュウ・ドゥ・ポゥム

ジュウ・ドゥ・ポゥムは、フランスをはじめ海外のアーティストたちの日本での活動をプロデュースするエージェントとしてスタートしました。
魅力的なアーティストたちのことを、より広く知ってもらいたいという思いから、クリエーションシリーズ、ガイドシリーズといった数多くの書籍を手がけています。近著には「パリのお菓子屋さんアルバム」「北欧と英国のアーティストたちの庭」などがあります。ジュウ・ドゥ・ポゥムの詳しい情報は、www.paumes.comをご覧ください。

また、アーティストの作品に直接触れてもらうスペースとして生まれた「ギャラリー・ドゥー・ディマンシュ」は、インテリア雑貨や絵本、アクセサリーなど、アーティストの作品をセレクトしたギャラリーショップ。ギャラリースペースで行われる展示会も、さまざまなアーティストとの出会いの場として好評です。ショップの情報は、www.2dimanche.comをご覧ください。

Kids' Interior in Paris
パリの子どもインテリア

2013 年　8 月 31 日　初版第　1 刷発行

著者：ジュウ・ドゥ・ポゥム

発行人：德吉 久、下地 文恵
発行所：有限会社ジュウ・ドゥ・ポゥム
　　　　〒150-0001 東京都渋谷区神宮前 3-5-6
　　　　編集部 TEL / 03-5413-5541
　　　　www.paumes.com

発売元：株式会社 主婦の友社
　　　　〒101-8911 東京都千代田区神田駿河台 2-9
　　　　販売部 TEL / 03-5280-7551

印刷製本：マコト印刷株式会社

Photos © Hisashi Tokuyoshi
© édition PAUMES 2013 Printed in Japan
ISBN978-4-07-290469-5

Ⓡ＜日本複写権センター委託出版物＞
本書(誌)を無断で複写複製(電子化を含む)することは、著作権法上の例外
を除き、禁じられています。本書(誌)をコピーされる場合は、事前に日本
複写権センター(JRRC)の許諾を受けてください。
また本書を代行業者等の第三者に依頼してスキャンやデジタル化すること
は、たとえ個人や家庭内での利用であっても、一切認められておりません。
日本複写権センター(JRRC)
http://www.jrrc.or.jp　eメール：info@jrrc.or.jp　電話：03-3401-2382

＊乱丁本、落丁本はおとりかえします。お買い求めの書店か、
　主婦の友社 販売部 03-5280-7551 にご連絡下さい。
＊記事内容に関する場合はジュウ・ドゥ・ポゥム 03-5413-5541 まで。
＊主婦の友社発売の書籍・ムックのご注文はお近くの書店か、
　コールセンター 049-259-1236 まで。主婦の友社ホームページ
　http://www.shufunotomo.co.jp/ からもお申込できます。

ジュウ・ドゥ・ポゥムのクリエーションシリーズ

アーティスト・ファミリーの21軒の住まい
Paris Family Style
パリのファミリースタイル

著者：ジュウ・ドゥ・ポゥム
ISBNコード：978-4-07-271555-0
判型：A5・本文 128 ページ・オールカラー
本体価格：1,800円（税別）

かわいいインテリアのアイデアがいっぱい
Paris Deco Ideas for Kids' Rooms
パリの子ども部屋デコ・アイデアブック

著者：ジュウ・ドゥ・ポゥム
ISBNコード：978-4-07-287444-8
判型：A5変形・本文 128 ページ・オールカラー
本体価格：1,800円（税別）

子どもたちのファンタジーが詰まった夢の空間
children's rooms London
ロンドンの子ども部屋

著者：ジュウ・ドゥ・ポゥム
ISBNコード：978-4-07-254551-1
判型：A5・本文 128 ページ・オールカラー
本体価格：1,800円（税別）

ぬくもりとやさしさあふれる、北欧デザイン
Finland Children's Rooms
フィンランドの子ども部屋

著者：ジュウ・ドゥ・ポゥム
ISBNコード：978-4-07-280749-1
判型：A5・本文 128 ページ・オールカラー
本体価格：1,800円（税別）

パパとママの愛情が込められたインテリア
children's rooms Stockholm
ストックホルムの子ども部屋

著者：ジュウ・ドゥ・ポゥム
ISBNコード：978-4-07-250139-9
判型：A5・本文 128 ページ・オールカラー
本体価格：1,800円（税別）

おとぎ話の街に暮らす、22人の子どもたち
children's rooms Copenhagen
北欧コペンハーゲンの子ども部屋

著者：ジュウ・ドゥ・ポゥム
ISBNコード：978-4-07-263930-6
判型：A5・本文 128 ページ・オールカラー
本体価格：1,800円（税別）

www.paumes.com

ご注文はお近くの書店、または主婦の友社コールセンター(049-259-1236)まで。
主婦の友社ホームページ(http://www.shufunotomo.co.jp/)からもお申込できます。